expresiones en matemáticas

Dra. Karen C. Fuson

Haz la tarea y recuerda

Grado 1

Volumen 2

This material is based upon work supported by the
National Science Foundation
under Grant Numbers
ESI-9816320, REC-9806020, and RED-935373.

Any opinions, findings, and conclusions, or recommendations expressed in this material are those of the author and do not necessarily reflect the views of the National Science Foundation.

HMH

Printed in the U.S.A.

ISBN 978-1-328-52031-9

9 10 11 12 MP 27 26 25 24

4500883841 A B C D E F G

5-1
Haz la tarea

Nombre ______________________________

Resuelve el problema.

Muestra tu trabajo. Usa dibujos, números o palabras.

---

1 9 cebras juegan. Luego otras más vienen a jugar. Ahora hay 13 cebras. ¿Cuántas cebras vienen a jugar?

cebras

☐ ______________

rótulo

---

2 Hay 12 calabazas en el porche. 6 son pequeñas y las otras son grandes. ¿Cuántas son grandes?

calabazas

☐ ______________

rótulo

---

3 Maya ve algunos patos en un estanque. 9 patos más se acercan nadando. Ahora ve 14 patos. ¿Cuántos patos vio Maya antes?

estanque

☐ ______________

rótulo

Halla la parte desconocida.

4 8 + ☐ = 12 **5** 9 + ☐ = 16 **6** 7 + ☐ = 15

---

7 6 + ☐ = 14 **8** 5 + ☐ = 11 **9** 6 + ☐ = 13

Nombre ______________________________

Resta.

1 $\begin{array}{r} 8 \\ -\ 5 \\ \hline \end{array}$ **2** $\begin{array}{r} 6 \\ -\ 3 \\ \hline \end{array}$ **3** $\begin{array}{r} 10 \\ -\ 1 \\ \hline \end{array}$ **4** $\begin{array}{r} 9 \\ -\ 2 \\ \hline \end{array}$

Halla la parte desconocida.

5 10: 4, ☐ **6** 9: ☐, 2 **7** 8: 3, ☐ **8** 7: ☐, 6

Cuenta hacia delante para sumar.

9 42 + 7 = ☐

10 67 + 6 = ☐

11 76 + 3 = ☐

12 55 + 7 = ☐

13 ☐ = 49 + 5

14 ☐ = 85 + 5

15 **Amplía tu razonamiento** Veo algunas aves. Llegan 8 aves más. Ahora veo 12 aves.

¿Cuántas aves vi antes?

☐ aves

5-2
Haz la tarea

Nombre ______________________________

Resuelve el problema.

Muestra tu trabajo. Usa dibujos, números o palabras.

1. Hay 14 manzanas sobre una mesa. Luego alguien toma 6 de ellas. ¿Cuántas manzanas hay ahora sobre la mesa?

mesa

☐ ______________ rótulo

2. Hay 12 camiones de juguete en el piso. Guardo 3. ¿Cuántos camiones de juguete están todavía en el piso?

camión de juguete

☐ ______________ rótulo

Resta. Usa cualquier método.

3. $13 - 9 =$ ☐	4. $12 - 7 =$ ☐	5. $11 - 4 =$ ☐
6. $15 - 7 =$ ☐	7. $18 - 9 =$ ☐	8. $14 - 8 =$ ☐
9. $16 - 9 =$ ☐	10. $13 - 6 =$ ☐	11. $12 - 3 =$ ☐

Nombre ____________________

Escribe las partes y el total de cada dibujo de círculos.

1. ☐ + ☐

Total ☐

2. ☐ + ☐

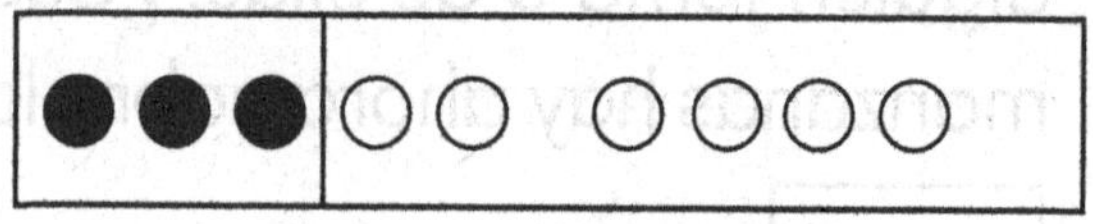

Total ☐

Escribe el número del 11 al 19.

3. 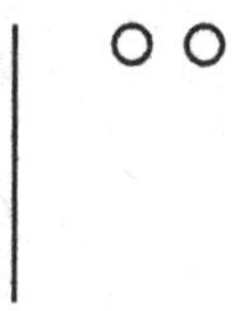 ☐

4.  ☐

Resuelve el problema.

Muestra tu trabajo. Usa dibujos, números o palabras.

5. Emilio tiene una caja de 10 lápices y 5 lápices adicionales. ¿Cuántos lápices tiene?

lápiz

☐ ____________________
rótulo

6. **Amplía tu razonamiento** Haz un dibujo para mostrar cómo formar una decena para restar 15 – 8.

5-3
Haz la tarea

Nombre ____________________

Muestra tu trabajo. Usa dibujos, números o palabras.

Resuelve el problema.

1 David hace 13 vasijas en la clase de arte. 5 se rompen. ¿Cuántas vasijas quedan?

vasijas

☐ ____________
rótulo

2 Hay 16 osos en un pícnic. Algunos osos se van a casa. Todavía hay 9 osos en el pícnic. ¿Cuántos osos se van a casa?

pícnic

☐ ____________
rótulo

3 Vemos 15 graneros hoy. Unos son rojos y otros son blancos. ¿Cuántos graneros rojos y blancos pueden haber? Muestra tres respuestas.

graneros

☐ graneros rojos y ☐ graneros blancos

o ☐ graneros rojos y ☐ graneros blancos

o ☐ graneros rojos y ☐ graneros blancos

Suma.

4 $9 + 4$

5 $8 + 9$

6 $8 + 6$

7 $4 + 9$

5-3 Recuerda

Nombre ______________________

Escribe cuántos hay.

1 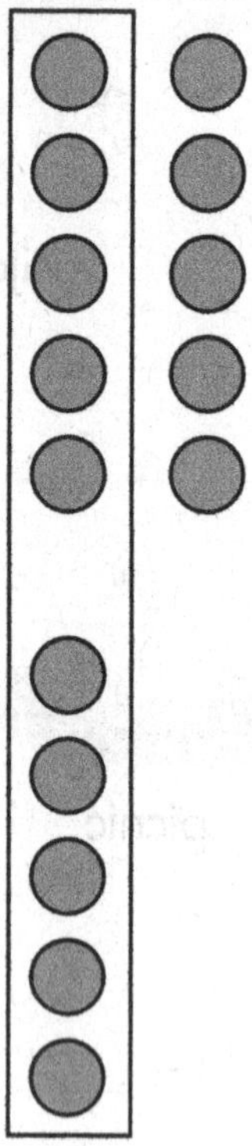 ☐

2 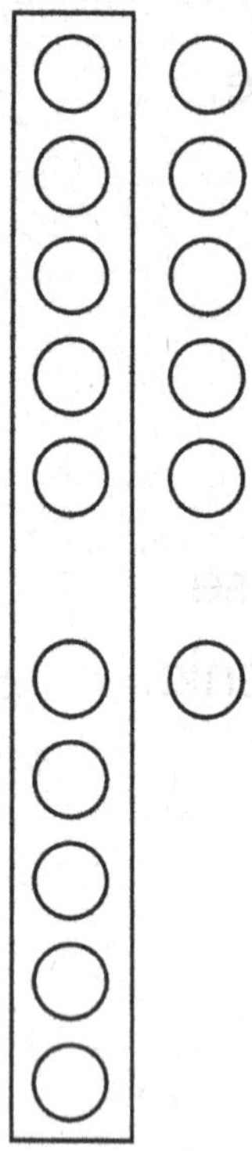 ☐

3 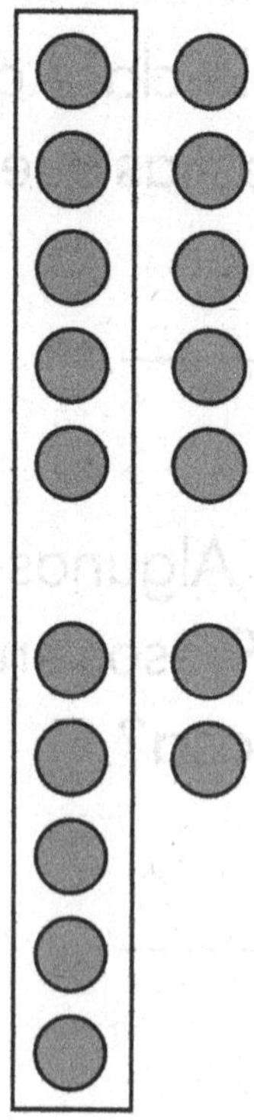 ☐

4 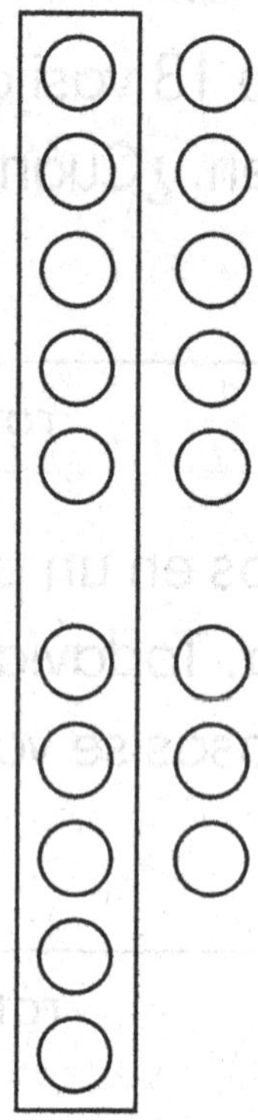 ☐

5 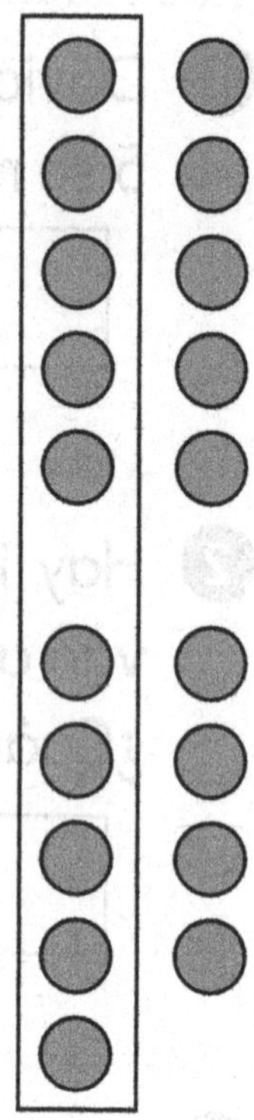 ☐

Resta. Usa cualquier método.

6 14 − 7 = ☐ **7** 13 − 5 = ☐ **8** 15 − 7 = ☐

9 18 − 9 = ☐ **10** 15 − 8 = ☐ **11** 17 − 8 = ☐

12 **Amplía tu razonamiento** Escribe un problema de resta que dé un total de 14. Resuélvelo.

____

____

5-4
Haz la tarea

Nombre ______________________________

Resuelve el problema.

Muestra tu trabajo. Usa dibujos, números o palabras.

---

1 Hakim dibuja 8 estrellas. Lisa dibuja 7 estrellas. ¿Cuántas estrellas dibujan en total?

estrella

☐ ______________________

rótulo

---

2 Hay 13 marcadores en una caja. Jorge saca algunos. Ahora hay 8 en la caja. ¿Cuántos marcadores saca Jorge de la caja?

caja

☐ ______________________

rótulo

---

3 Karla planta 7 flores. Luego planta 5 flores más. ¿Cuántas flores planta Karla?

flor

☐ ______________________

rótulo

Resta.

4 $\begin{array}{r} 16 \\ -\ 7 \\ \hline \end{array}$ **5** $\begin{array}{r} 13 \\ -\ 5 \\ \hline \end{array}$ **6** $\begin{array}{r} 15 \\ -\ 8 \\ \hline \end{array}$ **7** $\begin{array}{r} 14 \\ -\ 9 \\ \hline \end{array}$

5-4
Recuerda

Nombre ______________________________

Halla el número total de juguetes.

1 7 vagones en la caja

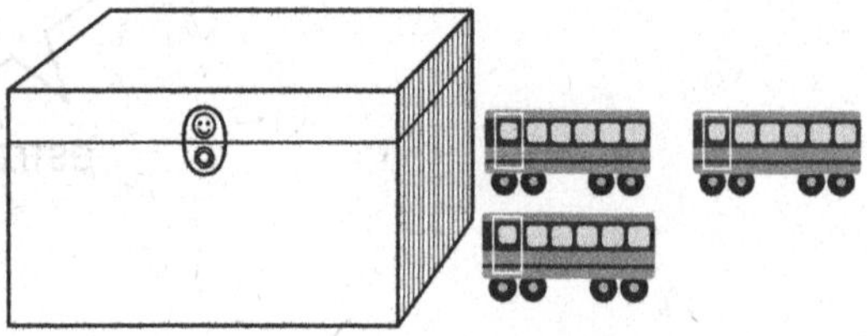

☐ Total

2 5 osos en la caja

☐ Total

Suma.

3 $6 + 2 =$ ☐

4 $5 + 1 =$ ☐

5 $7 + 3 =$ ☐

6 $5 + 5 =$ ☐

7 $1 + 6 =$ ☐

8 $4 + 5 =$ ☐

Resuelve el problema

Muestra tu trabajo. Usa dibujos, números o palabras.

9 Stella corta 8 flores rojas y 9 flores amarillas. ¿Cuántas flores corta?

flor

☐ ______________

rótulo

10 **Amplía tu razonamiento** Noah forma una decena para resolver el ejercicio 9. Haz un dibujo para mostrar cómo Noah resolvió el problema.

5-5
Haz la tarea

Nombre ________________________________

Resuelve el problema.

Muestra tu trabajo. Usa dibujos, números o palabras.

1 Ted tiene cuatro primos que viven en la ciudad y 8 primos que viven en una granja. ¿Cuántos primos tiene Ted?

ciudad

☐ ____________
rótulo

2 Hoy, 9 gansos llegan volando a tu patio. Luego llegan 7 gansos más. ¿Cuántos gansos hay?

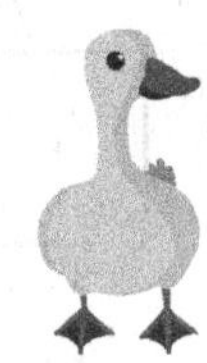
ganso

☐ ____________
rótulo

3 Una tienda tiene 13 chaquetas. Se venden algunas chaquetas. Quedan 8. ¿Cuántas chaquetas se venden?

chaqueta

☐ ____________
rótulo

4 Nathan ve 16 molinos de viento. Solo 9 están girando. ¿Cuántos molinos no están girando?

molino de viento

☐ ____________
rótulo

Nombre ______________________________

Escribe las partes de 10 y las partes cambiadas.

1
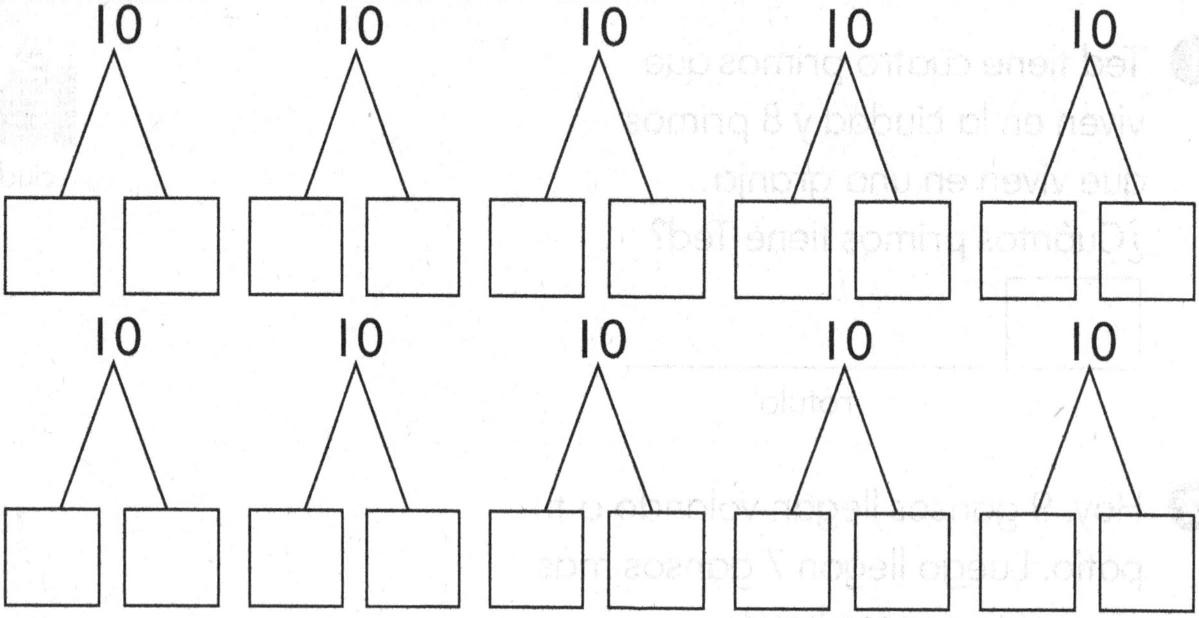

Cuenta hacia delante para hallar la parte desconocida.

2 4 + ☐ = 10 3 4 + ☐ = 9 4 3 + ☐ = 7

Resuelve el problema.

Muestra tu trabajo. Usa dibujos, números o palabras.

5 Hay 5 hormigas en la hoja. Luego llegan 5 hormigas más. ¿Cuántas hormigas hay en total?

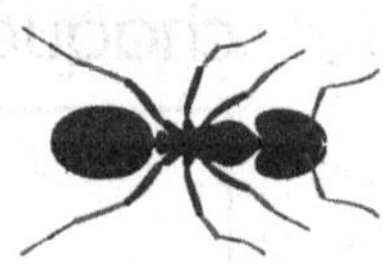
hormiga

☐ ______________
rótulo

6 **Amplía tu razonamiento** Emma tiene 16 galletas saladas. Come algunas. ¿Le pueden quedar 16 galletas? Explica.

____

____

5-6
Haz la tarea

Nombre ____________________

Encierra en un círculo las partes de 10. Halla el total.

❶ $7 + (2 + 8) = \square$ (10 sobre 2 + 8)

❷ $3 + 7 + 9 = \square$

❸ $6 + 5 + 5 = \square$

❹ $4 + 6 + 5 = \square$

❺ $9 + 1 + 6 = \square$

❻ $8 + 7 + 2 = \square$

Resuelve el problema.

Muestra tu trabajo. Usa dibujos, números o palabras.

❼ Hago 7 dibujos de animales, 3 dibujos de personas y 6 dibujos de casas. ¿Cuántos dibujos hago?

casa

☐ ____________________
rótulo

❽ Tengo 9 canicas blancas, 5 canicas azules y 3 canicas verdes. ¿Cuántas canicas tengo en total?

canica

☐ ____________________
rótulo

5-6
Recuerda

Nombre ______________________________

Suma 1 decena.

1. 50 + 10 = ☐
2. 80 + 10 = ☐
3. 70 + 10 = ☐
4. 30 + 10 = ☐
5. 60 + 10 = ☐
6. 40 + 10 = ☐

Escribe el número siguiente.

7. | 38 | 39 | |
8. | 58 | 59 | |
9. | 78 | 79 | |
10. | 88 | 89 | |

Resuelve el problema.

Muestra tu trabajo. Usa dibujos, números o palabras.

11. Hay 8 carros en el estacionamiento. Luego llegan 6 carros más. ¿Cuántos carros hay ahora?

carro

☐ ______________
rótulo

12. **Amplía tu razonamiento** Mira el problema del ejercicio 11. ¿Y si llegaran 4 carros más al estacionamiento? ¿Cómo resolverías el problema?

☐ + ☐ + ☐ = ☐

5-7
Haz la tarea

Nombre ______________________________

Colorea cada grupo de 10 con un color distinto.
Cuenta por decenas y unidades. Escribe el número.

1  ☐

2 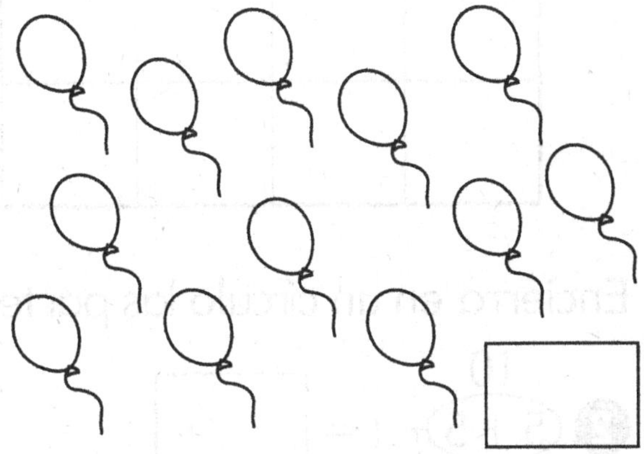 ☐

3  ☐

4  ☐

5-7
Recuerda

Nombre ____________________

1 Escribe los números del 1 al 20.

1									
								19	

Encierra en un círculo las partes de 10. Halla el total.

2 (5 + 5) + 1 = ☐ (10)

3 6 + 4 + 6 = ☐

4 2 + 9 + 8 = ☐

5 3 + 7 + 5 = ☐

Suma.

6 2 + 7 = ☐

7 9 + 1 = ☐

8 2 + 8 = ☐

9 3 + 5 = ☐

10 **Amplía tu razonamiento** Dibuja 20 estrellas. Encierra en un círculo los grupos de 10.

5-8
Haz la tarea

Nombre ____________________

Enumera las casas. Encierra en un círculo el número que es 10 más que 36. Tacha el número que es 10 menos que 82.

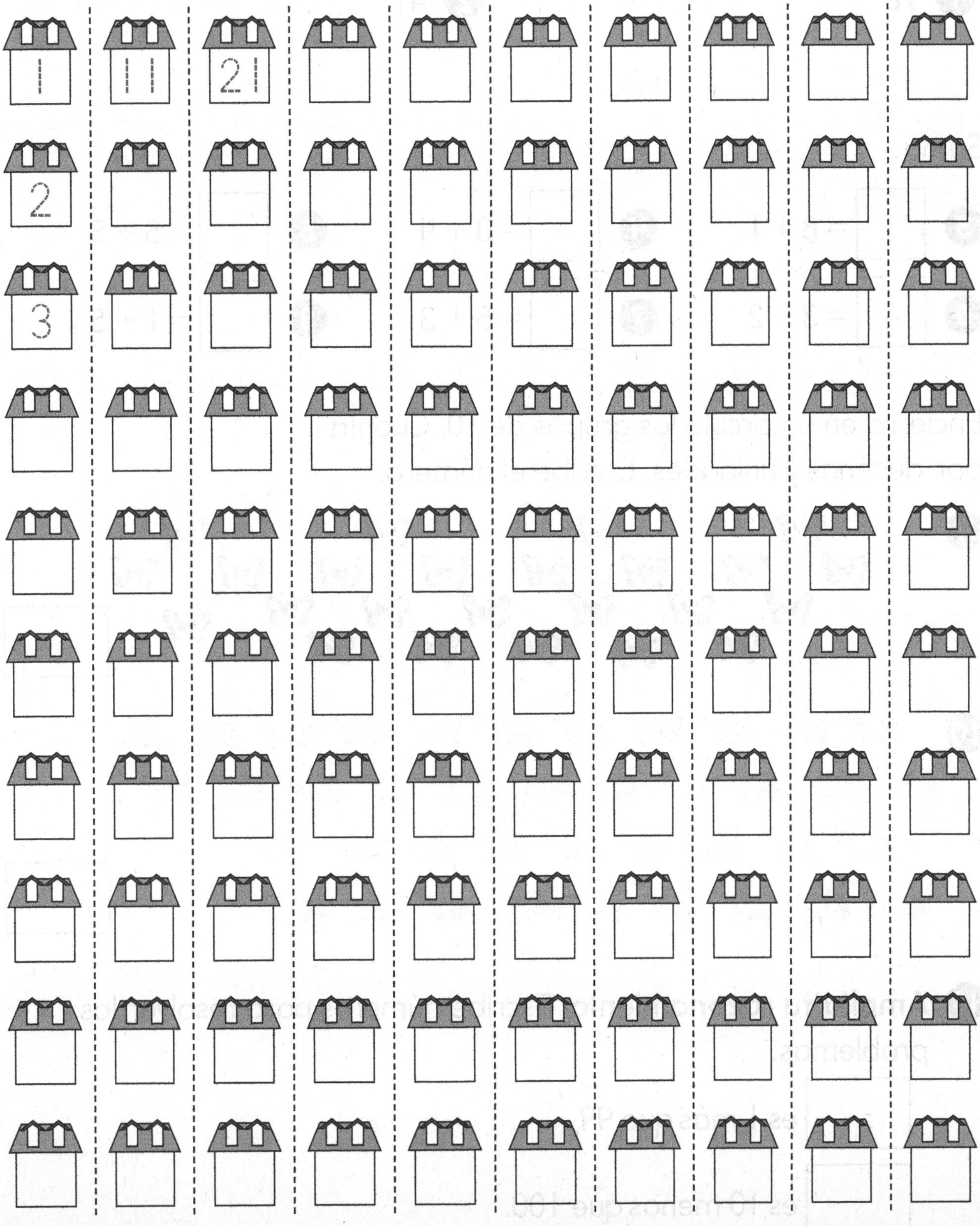

Nombre ____________________

Dibuja palitos de decenas y círculos.

1. 76

2. 41

Suma.

3. ☐ = 8 + 1
4. ☐ = 3 + 4
5. ☐ = 5 + 5
6. ☐ = 3 + 2
7. ☐ = 5 + 3
8. ☐ = 1 + 5

Encierra en un círculo los grupos de 10. Cuenta por decenas y unidades. Escribe el número.

9.

☐

10.

☐

11. **Amplía tu razonamiento** Escribe números para resolver los problemas.

☐ es 1 más que 99.

☐ es 10 menos que 100.

5-9
Haz la tarea

Nombre ______________________________

Continúa el patrón.
Escribe el número que es 10 más.

1 | 22 | 32 | 42 | ☐ | ☐ | ☐ | ☐ |

2 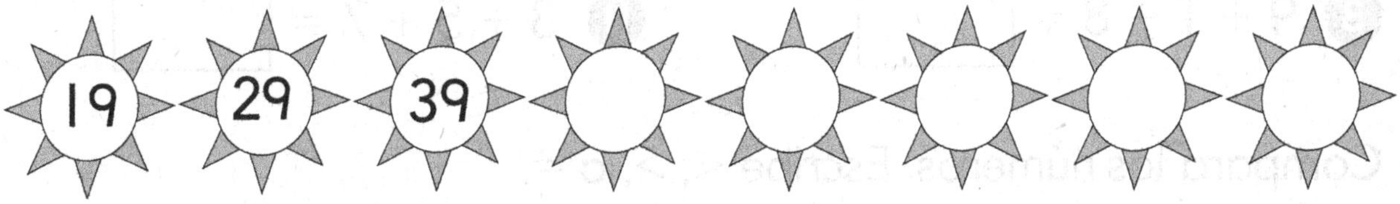

3 

Suma decenas.

4 52 + 10 = ☐

5 64 + 20 = ☐

6 15 + 60 = ☐

7 71 + 20 = ☐

Resta decenas.

8 40 − 10 = ☐

9 90 − 70 = ☐

10 80 − 30 = ☐

11 60 − 50 = ☐

12 70 − 50 = ☐

13 50 − 20 = ☐

5-9
Recuerda

Nombre ____________________

Encierra en un círculo las partes de 10. Halla el total.

1. 4 + 2 + 6 = ☐
2. 5 + 5 + 8 = ☐
3. 9 + 1 + 8 = ☐
4. 3 + 5 + 7 = ☐

Compara los números. Escribe <, >, o =.

5. 28 ◯ 82
6. 79 ◯ 80
7. 36 ◯ 36
8. 94 ◯ 94
9. 32 ◯ 29
10. 67 ◯ 63

Resuelve el problema.

Muestra tu trabajo. Usa dibujos, números o palabras.

11. Madison tiene una caja de 10 galletas saladas y 8 galletas saladas adicionales. ¿Cuántas galletas tiene?

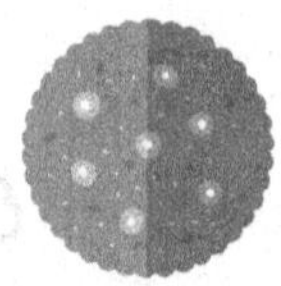

galleta salada

☐ ____________________
rótulo

12. **Amplía tu razonamiento** Comienza en 48. Suma 3 decenas. Luego suma 4 unidades. Haz un dibujo para mostrar tu trabajo. ¿Cuál es el número?

☐

5-10

Haz la tarea

Nombre ______________________

Resuelve.

1. 20 + 80 = ☐
2. 90 + 10 = ☐
3. 30 + ☐ = 100
4. 60 + ☐ = 100
5. 100 = 50 + ☐
6. 100 = 70 + ☐

---

7. 40 + 30 = ☐
8. 60 + 20 = ☐
9. 0 + 90 = ☐
10. 20 + 60 = ☐

---

11. 70 − 20 = ☐
12. 90 − 60 = ☐
13. 20 − 0 = ☐
14. 60 − 60 = ☐

---

15. 80 − 30 = ☐

    30 + ☐ = 80
16. 90 − 20 = ☐

    20 + ☐ = 90
17. 80 − 50 = ☐

    50 + ☐ = 80
18. 70 − 30 = ☐

    30 + ☐ = 70

5-10
Recuerda

Nombre ______________________________

Resta.

❶ $10 - 8 = \square$ ❷ $6 - 3 = \square$ ❸ $9 - 8 = \square$

❹ $\begin{array}{r} 8 \\ -5 \\ \hline \end{array}$ ❺ $\begin{array}{r} 10 \\ -6 \\ \hline \end{array}$ ❻ $\begin{array}{r} 7 \\ -5 \\ \hline \end{array}$

Halla el total. Usa cualquier método.

❼ $53 + 9 = \square$ ❽ $75 + 2 = \square$

❾ $84 + 6 = \square$ ❿ $39 + 4 = \square$

Continúa el patrón.
Escribe el número que es 10 más.

⓫ 25, 35, 45, ___, ___, ___, ___, ___

⓬ 13, 23, 33, ___, ___, ___, ___

⓭ **Amplía tu razonamiento** Comienza con 50. Suma 1 decena. Luego resta 2 decenas. Haz un dibujo para mostrar tu trabajo. ¿Cuál es el nuevo número? $\square$

Nombre ______________________________

Haz un dibujo para mostrar los números.
Escribe los números para resolver.

Charlie reúne manzanas, peras y ciruelas.

- Los números de manzanas y ciruelas son partes de 10.
- Hay el mismo número de manzanas y peras.

¿Cuántas frutas reunió Charlie?

Manzanas	**Peras**	**Ciruelas**

☐ manzanas + ☐ peras + ☐ ciruelas = ?

☐ + ☐ = ☐ frutas

5-11
Recuerda

Nombre ______________________________

Escribe cuántas hojas hay. Mira el 5 en cada fila.

1. ☐
2. ☐
3. ☐

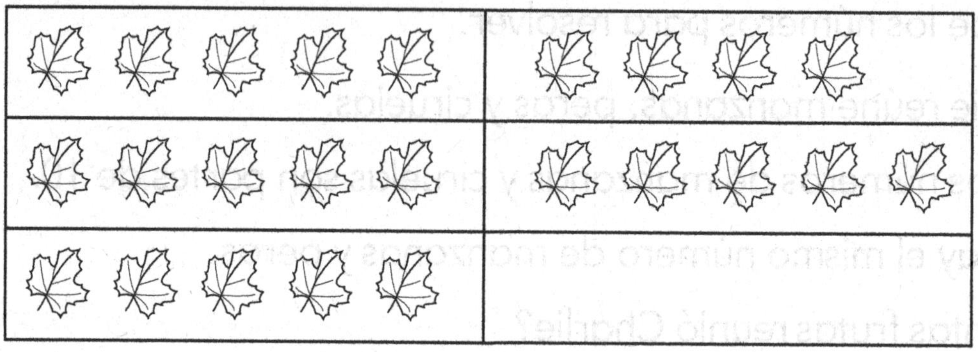

Resuelve.

4. 40 + ☐ = 100
5. 70 + ☐ = 100
6. 100 = 50 + ☐
7. 100 = 20 + ☐

---

8. 50 − 10 = ☐
9. 80 − 20 = ☐
10. 70 − 60 = ☐
11. 90 − 70 = ☐

12. **Amplía tu razonamiento** Escribe y resuelve un problema sobre reunir tres tipos de vegetales. Usa partes de 10.

____

____

____

____

6-1
Haz la tarea

Nombre ______________________________

❶ Recorta las tarjetas. Clasifica los animales. Usa círculos y grupos de 5 para anotar. Escribe cuántos hay en cada grupo.

Con antenas	Sin antenas
☐	☐

Usa los datos para completar.

❷ ¿Cuántas animales hay en total?

____

❸ Encierra en un círculo el grupo que tiene más animales.

❹ Tacha el grupo que tiene menos animales.

6-1 Recuerda

Nombre ______________________________

❶ Escribe los números del 21 al 30.

Suma.

❷ $5 + 3 = \square$ ❸ $2 + 7 = \square$ ❹ $6 + 4 = \square$

❺ $9 + 1 = \square$ ❻ $3 + 4 = \square$ ❼ $2 + 6 = \square$

Halla el total.

❽ $10 + 2 = \square$ ❾ $10 + 3 = \square$

Resuelve el problema.

Muestra tu trabajo. Usa dibujos, números o palabras.

❿ Hay 8 aves sobre la cerca.
Luego llegan 7 más.
¿Cuántas aves hay ahora?

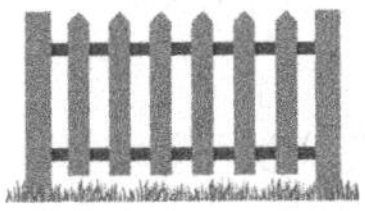

valla

☐ ____________
rótulo

⓫ **Amplía tu razonamiento** Jen clasifica una caja de bolígrafos por color. 6 son rojos y 8 son azules. Dibuja círculos y grupos de 5 para mostrar cuántos hay en cada grupo. Encierra en un círculo el grupo que tiene más.

En la siguiente página Dibuja tu respuesta en la siguiente página.

Nombre

6-2
Haz la tarea

Nombre ______________________________

❶ Dibuja líneas para emparejar y comparar.

Manzana 

Cereza 

❷ Completa las oraciones. Encierra en un círculo **más** o **menos**.

Hay ☐ pasteles de manzana **más menos** que pasteles de cereza.

Hay ☐ pasteles de cereza **más menos** que pasteles de manzana.

---

❸ Clasifica los globos. Escribe cuántos hay en cada grupo.

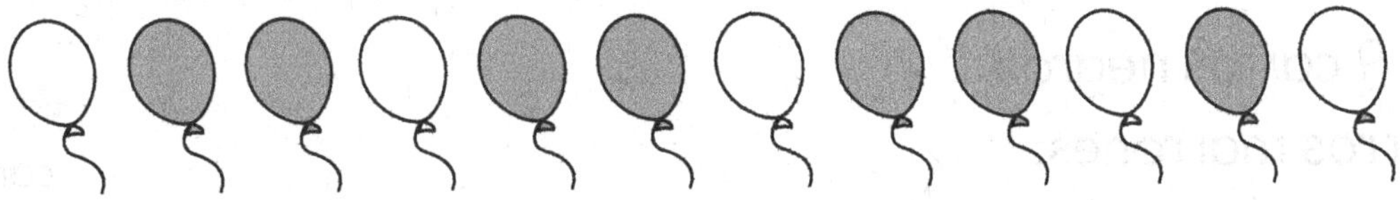

Globos grises							
Globos blancos							

Globos grises: ______

Globos blancos: ______

❹ Completa las oraciones. Encierra en un círculo **más** o **menos**.

Hay ☐ globos blancos **más menos** que globos grises.

Hay ☐ globos grises **más menos** que globos blancos.

Nombre ______________________________

❶ Escribe los números del 31 al 40.

Resta.

❷ $10 - 3 = \square$ ❸ $9 - 7 = \square$ ❹ $6 - 3 = \square$

❺ $8 - 3 = \square$ ❻ $10 - 4 = \square$ ❼ $7 - 1 = \square$

Suma 1 decena.

❽ $30 + 10 = \square$ ❾ $50 + 10 = \square$

Resuelve el problema.

Muestra tu trabajo. Usa dibujos, números o palabras.

❿ Pam ve 9 carros negros.
Ve 6 carros marrones.
¿Cuántos carros ve en total?

carro

☐ ____________
rótulo

⓫ **Amplía tu razonamiento** Dibuja círculos y líneas para unir y mostrar 9 flores y 7 floreros. Encierra en un círculo las flores adicionales.

Nombre ______________________________

1 Kate corre 5 cuadras. Ann corre 9 cuadras.

Dibuja círculos para mostrar cuántas cuadras corren.

Kate										
Ann										

2 Completa las oraciones. Encierra en un círculo **más** o **menos**.

Kate corre ☐ cuadras **más** **menos** que Ann.

Ann corre ☐ cuadras **más** **menos** que Kate.

Corren ☐ cuadras en total.

---

3 Dan salta 4 veces. Joel salta 7 veces.

Dibuja círculos para mostrar cuántas veces saltan.

Dan							
Joel							

4 Completa las oraciones. Encierra en un círculo **más** o **menos**.

Dan salta ☐ veces **más** **menos** que Joel.

Joel salta ☐ veces **más** **menos** que Dan.

Saltan ☐ veces en total.

Nombre ______________________________

1 Escribe los números del 41 al 50.

Halla la parte desconocida.

2 $10 + \square = 12$

3 $10 + \square = 14$

4 Dibuja líneas para unir y comparar.
Completa las oraciones de abajo.
Encierra en un círculo la palabra **más** o **menos**.

casas 

aves 

Hay ☐ casas **más menos** que aves.

Hay ☐ aves **más menos** que casas.

5 **Amplía tu razonamiento** Juana dibuja 2 casas más en el dibujo de arriba. Luego escribe esta oración: "Hay 2 casas más que aves".
¿Cuál es el error de Juana?

____

____

Nombre ________________________________

Usa los datos para responder las preguntas.

Cubetas de leche de esta semana

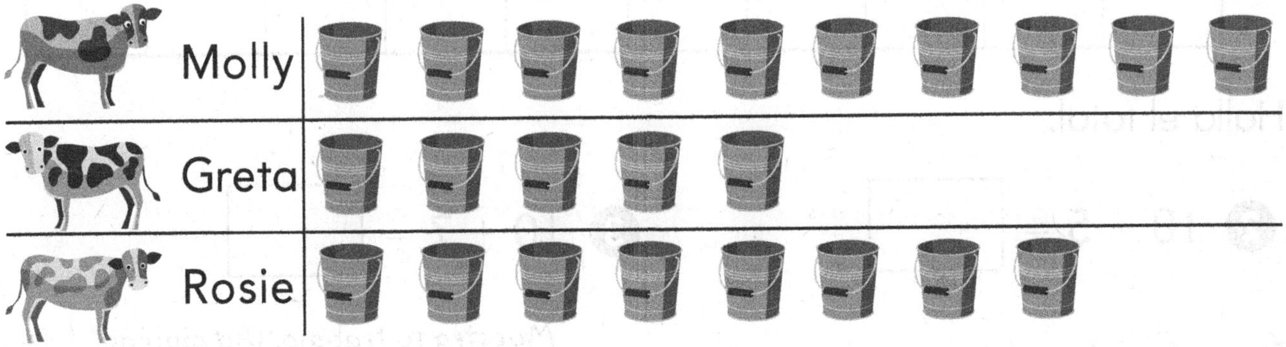

1. ¿Qué vaca da menos cubetas de leche? ____________
2. ¿Qué vaca da 8 cubetas de leche? ____________
3. ¿Cuántas cubetas de leche más da Molly que Greta?

   ____

Peces atrapados en el lago

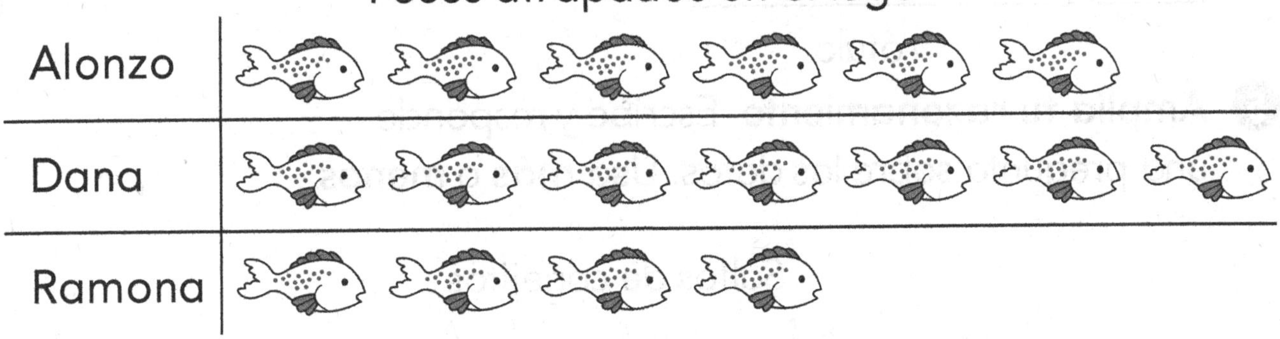

4. ¿Quién pesca más peces? ____________
5. ¿Cuántos peces menos pesca Ramona que Dana?

   ____

6. ¿Cuántos peces pescan en total? ____________

Nombre ______________________

❶ Escribe los números del 51 al 60.

Halla el total.

❷ $10 + 5 =$ ☐

❸ $10 + 7 =$ ☐

Resuelve el problema.

Muestra tu trabajo. Usa dibujos, números o palabras.

❹ Hay 15 tazas en el estante. Luego Danni toma 9 tazas. ¿Cuántas hay en el estante ahora?

taza

☐ ______________
rótulo

❺ **Amplía tu razonamiento** Escribe y responde una pregunta sobre los datos. Usa **más** o **menos**.

Saltos de conejitos

____

____

6-5
Haz la tarea

Nombre ______________________

Usa los datos para responder las preguntas.

El estado del tiempo de este mes

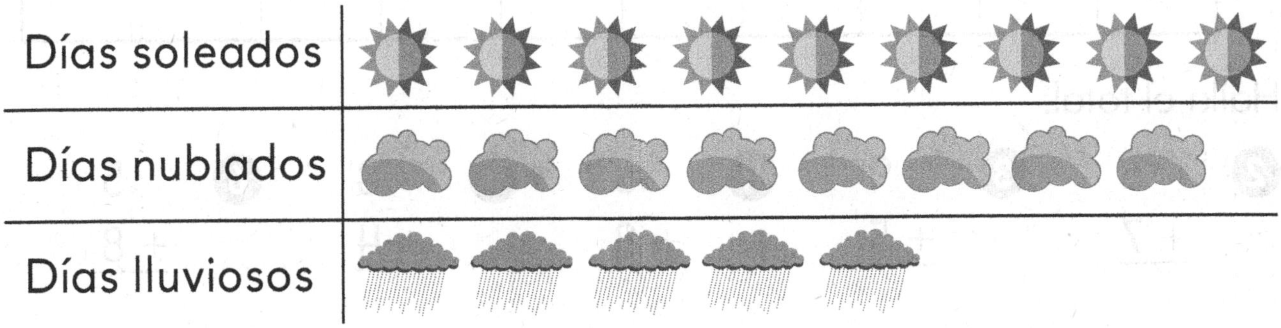

1. ¿Cuántos más días soleados que días lluviosos hay? ______________
2. ¿Cuántos menos días lluviosos que días nublados hay? ______________
3. ¿Cuántos días nublados y días lluviosos hay en total? ______

Llamadas telefónicas de esta semana

4. ¿Quién hace menos llamadas telefónicas? ______________
5. ¿Quién hace 6 llamadas telefónicas? ______________
6. ¿Cuántas llamadas más hace Adam que Nadia? ______________

6-5 Recuerda

Nombre ____________________

❶ Escribe los números del 61 al 70.

Halla el total.

❷ $6 + 7$ ❸ $9 + 5$ ❹ $8 + 8$ ❺ $8 + 4$ ❻ $5 + 8$

Resuelve el problema.

Muestra tu trabajo. Usa dibujos, números o palabras.

❼ Hay 15 niños en el parque. Algunos niños se van a casa. Todavía hay 8 niños en el parque. ¿Cuántos niños se van a casa?

niños

☐ ____________________
rótulo

❽ **Amplía tu razonamiento** Escribe y responde sobre los datos.

Tazones de comida que comieron esta semana

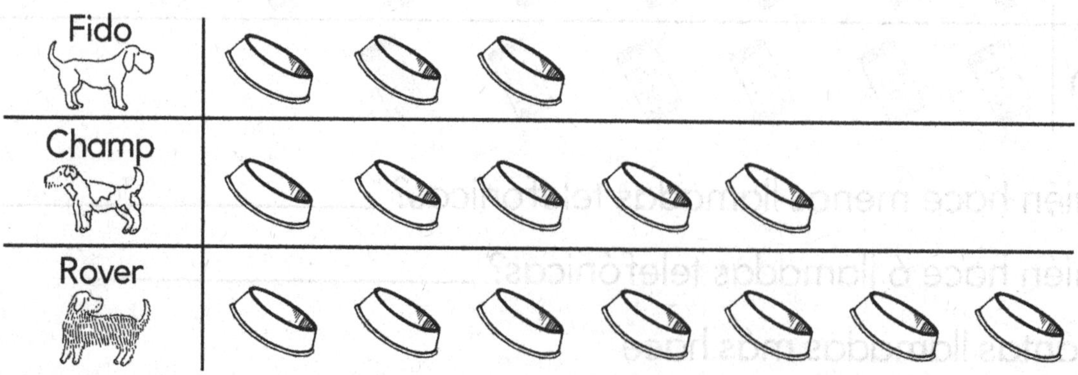

____

6-6
Haz la tarea

Nombre ____________________

Resuelve el problema.
Usa barras de comparación.

Muestra tu trabajo.

❶ Janeka dibuja 4 casas.
Kelly dibuja 3 más que Janeka.
¿Cuántas casas dibuja Kelly?

☐ ________________
rótulo

❷ La escuela Oak tiene 9 computadoras. La escuela Hill tiene 4 computadoras. ¿Cuántas computadoras menos tiene la escuela Hill que la escuela Oak?

☐ ________________
rótulo

❸ Lisa hace 8 pasteles menos que Tony. Tony hace 14 pasteles. ¿Cuántos pasteles hace Lisa?

☐ ________________
rótulo

6-6
Recuerda

Nombre ____________________

1 Escribe los números del 71 al 80.

Resuelve el problema.

Muestra tu trabajo. Usa dibujos, números o palabras.

2 Leí 6 libros el mes pasado.
Leo 6 libros esta semana.
¿Cuántos libros leo en total?

libro

☐ ____________________
rótulo

3 Sean tiene 14 carritos de juguete. Algunos son rojos. Otros son azules. ¿Cuántos carritos de juguete rojos y azules pueden haber? Muestra tres respuestas.

☐ carritos rojos y ☐ carritos azules

o ☐ carritos rojos y ☐ carritos azules

o ☐ carritos rojos y ☐ carritos azules

4 **Amplía tu razonamiento** Millie tiene 15 fichas. Sam tiene 8 fichas. Escribe una oración para comparar cuántas fichas tiene cada niño.

____

____

6-7
Haz la tarea

Nombre ____________________

Resuelve el problema.
Usa barras de comparación.

Muestra tu trabajo.

1. Mike ve 3 peces más que Chris. Chris ve 6 peces. ¿Cuántos peces ve Mike?

   ☐ ____________ rótulo

2. Hay 10 trompetas menos que tambores en la banda. Hay 20 tambores. ¿Cuántas trompetas hay?

   ☐ ____________ rótulo

3. Hay 9 niñas y 15 niños en el parque. ¿Cuántas niñas menos que niños hay?

   ☐ ____________ rótulo

4. Kai ata 8 lazos. Laura ata 13 lazos. ¿Cuántos lazos más ata Laura que Kai?

   ☐ ____________ rótulo

Nombre ______________________

1 Escribe los números del 81 al 90.

Usa un doble para hallar el total.

2 $6 + 8 =$ ☐ **3** $5 + 7 =$ ☐ **4** $5 + 6 =$ ☐

Resuelve el problema.

Muestra tu trabajo. Usa dibujos, números o palabras.

5 Hay 14 pastelitos en una canasta. Tina coloca algunos en un plato. Ahora hay 6 en la canasta. ¿Cuántos pastelitos colocó Tina en el plato?

pastelito

☐ ______________
rótulo

6 **Amplía tu razonamiento** Reescribe esta oración usando la palabra **menos**: Carey lee 10 páginas más que Lacey.

____

____

____

Nombre ____________________

Resuelve el problema.
Usa barras de comparación.

Muestra tu trabajo.

---

1. Toby tiene 12 globos.
Roberto tiene 5 globos.
¿Cuántos globos más tiene
Toby que Roberto?

☐ ____________
rótulo

---

2. Nora tiene 4 velas en
su pastel. Maria tiene 9 velas
más que Nora. ¿Cuántas velas
tiene Maria?

☐ ____________
rótulo

---

3. Jordan cuelga 15 banderas.
Alan cuelga 6 banderas.
¿Cuántas banderas menos
cuelga Alan que Jordan?

☐ ____________
rótulo

6-8 Recuerda

Nombre ____________________

❶ Escribe los números del 91 al 100.

Dibuja palitos de decenas y círculos.

❷ 42

❸ 28

❹ 67

Resuelve el problema.

Muestra tu trabajo. Usa dibujos, números o palabras.

❺ Ellen pinta 8 macetas para flores. Luego pinta 4 más. ¿Cuántas macetas pinta?

maceta para flores

☐ ____________________
rótulo

❻ **Amplía tu razonamiento** Resuelve el problema. Dibuja barras de comparación. Nathan tiene 9 conchas de mar menos que Lidia. Lidia tiene 13 conchas de mar. ¿Cuántas conchas de mar tiene Nathan?

☐ ____________________
rótulo

6-9
Haz la tarea

Nombre ____________________

1. Clasifica los animales.
Anota con círculos y grupos de 5.

Con plumas	Sin plumas

Usa los datos para completar.

2. ¿Cuántos animales más tienen plumas que los que no tienen plumas? ____________

3. ¿Cuántos animales hay en total? ____________

4. Escribe y responde tu propia pregunta sobre los datos.

Nombre ______________________________

Dibuja palitos de decenas y círculos.

1. 53
2. 82
3. 94

Resuelve el problema.

Muestra tu trabajo. Usa dibujos, números o palabras.

4. Una tienda tiene 15 guitarras. Se venden algunas guitarras. Quedan 9 guitarras. ¿Cuántas guitarras se vendieron?

guitarra

☐ ____________________
rótulo

5. **Amplía tu razonamiento** Resuelve el problema. Dibuja barras de comparación.

Ayer había 11 excursionistas. Hoy hay 4 excursionistas. ¿Cuántos excursionistas menos hay hoy que ayer?

☐ ____________________
rótulo

7-1
Haz la tarea

Nombre ______________________________

Dibuja líneas para unir la hora.

1. 

2:00

2. 

3:00

3. 

6:00

4. 

5:00

5. 

10:00

7-1
Recuerda

Nombre ______________________________

1 Escribe los números del 101 al 120.

101	102	103							
111									

2 Dibuja líneas para unir y comparar. Completa las oraciones. Encierra en un círculo la palabra **más** o **menos**.

Perros 

Pelotas 

Hay ☐ perros **más menos** que pelotas.

Hay ☐ pelotas **más menos** que perros.

Resuelve el problema

Muestra tu trabajo. Usa dibujos, números o palabras.

3 Elena cosecha 7 pimientos verdes y 8 pimientos amarillos. ¿Cuántos pimientos cosecha?

pimiento

☐ ______________
rótulo

4 **Amplía tu razonamiento** Son las 3 en punto. ¿A dónde apunta la manecilla de la hora en un reloj analógico? ______________

7-2
Haz la tarea

Nombre ______________________________

Lee el reloj.
Escribe la hora en el reloj digital.

1

7:00

hora : minuto

2

:

hora : minuto

3

:

4

:

5

:

6

:

7

:

8

:

9

:

10

:

Nombre ______________________

Resta.

❶ 10 − 7 = ☐ ❷ 9 − 5 = ☐ ❸ 8 − 7 = ☐

❹ 9 − 9 = ☐ ❺ 10 − 8 = ☐ ❻ 7 − 2 = ☐

Dibuja líneas para unir la hora.

❼ 

8:00

❽ 

5:00

❾ Dave lee 7 libros. Lani lee 9 libros.
Dibuja ◯ para mostrar cuántos libros leen.

Dave									
Lani									

❿ **Amplía tu razonamiento** La manecilla de los minutos apunta al 12. La manecilla de la hora apunta al 8. Encierra en un círculo la hora que muestra el reloj.

8:00

12:00

7-3
Haz la tarea

Nombre ____________________

Encierra en un círculo el reloj que muestra la hora correcta.
Tacha el reloj que muestra la hora incorrecta.

1

11:00

2

2:00

3

5:00

4

3:00

5

10:00

6

9:00

7

8:00

8

1:00

7-3
Recuerda

Nombre ______________________

Escribe el número siguiente.

1. | 58 | 59 | ☐ |
2. | 38 | 39 | ☐ |
3. | 88 | 89 | ☐ |
4. | 68 | 69 | ☐ |

Resta. Usa cualquier método.

5. $17 - 9 = \square$
6. $14 - 7 = \square$
7. $13 - 6 = \square$
8. $16 - 7 = \square$
9. $18 - 9 = \square$
10. $12 - 8 = \square$

Lee el reloj. Escribe la hora en el reloj digital.

11. 

[__ : __]

12. 

[__ : __]

13. **Amplía tu razonamiento** Tyrone dice que cena cuando la manecilla de los minutos está en el 12. ¿Qué hora crees que es y por qué?

____

____

7-4
Haz la tarea

Nombre ______________________________

Lee el reloj.
Escribe la hora en el reloj digital.

1. 

8:30
hora : minuto

2. 

___ : ___
hora : minuto

3. 

___ : ___

4. 

___ : ___

5. 

___ : ___

6. 

___ : ___

7. 

___ : ___

8. 

___ : ___

9. 

___ : ___

10. 

___ : ___

7-4
Recuerda

Nombre ____________________

Suma

1 8 + 2 = ____

2 0 + 7 = ____

3 3 + 6 = ____

4 2 + 2 = ____

5 1 + 7 = ____

Usa los datos para responder las preguntas.

Pastelitos horneados para la venta

6 ¿Quién horneó más pastelitos? ____________________

7 ¿Quién horneó 6 pastelitos? ____________________

Encierra en un círculo el reloj que muestra la hora correcta.
Tacha el reloj que muestra la hora incorrecta

8

6:00

9

3:00

10 **Amplía tu razonamiento** ¿Qué hora es media hora después de las 9:00? ____________________

7-5
Haz la tarea

Nombre ______________________________

Escribe la hora en el reloj digital.

1

:

2

:

3

:

4

:

5

:

6

:

Dibuja las manecillas en el reloj para mostrar la hora.

7

9:30

8

3:00

9

8:30

7-5
Recuerda

Nombre ______________________

Halla la parte desconocida.

❶ 4 + ☐ = 8

❷ 7 + ☐ = 10

❸ 5 + ☐ = 5

Lee el reloj. Escribe la hora en el reloj digital.

❹ 

☐ : ☐

❺ 

☐ : ☐

❻ 

☐ : ☐

❼ 

☐ : ☐

Resuelve el problema.

Muestra tu trabajo. Usa dibujos, números o palabras.

❽ Hay 16 hámsteres en la tienda.
8 son marrones. El resto son blancos.
¿Cuántos hámsteres son blancos?

Hámster

☐ ______________________
rótulo

❾ **Amplía tu razonamiento** ¿Cuáles son dos maneras distintas de escribir cuatro y treinta?

____

7-6
Haz la tarea

Nombre ____________________

❶ ¿Qué figuras NO son rectángulos o cuadrados? Dibuja una X en cada una.

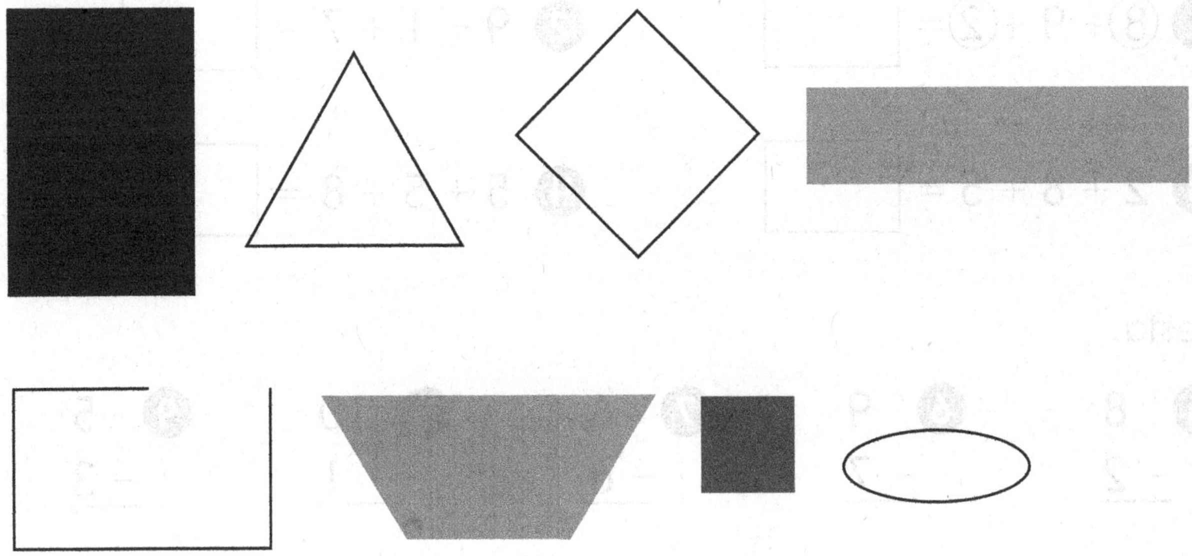

Dibuja la figura.

❷ 4 lados (2 lados largos y 2 lados cortos), 4 esquinas cuadradas	❸ cerrada, 4 esquinas cuadradas

Nombre ____________________

Encierra en un círculo las partes de 10. Halla el total.

1. 10 (8 + 2): (8) + 9 + (2) = ☐

2. 9 + 1 + 7 = ☐

3. 2 + 8 + 5 = ☐

4. 5 + 5 + 8 = ☐

Resta.

5. 8 − 2 = ____

6. 9 − 7 = ____

7. 6 − 6 = ____

8. 10 − 1 = ____

9. 5 − 3 = ____

Lee el reloj. Escribe la hora en el reloj digital.

10. 

☐ :

11. 

☐ :

12. 

☐ :

13. **Amplía tu razonamiento** Dibuja una figura que tenga 4 lados y 4 esquinas que no sea un rectángulo. Explica tu dibujo.

____

____

Nombre ______________________

❶ ¿Qué figuras NO son triángulos o círculos?
Dibuja una X sobre cada una.

Dibuja la figura.

❷ cerrada, sin esquinas	❸ cerrada, 3 lados

Nombre ______________________

Escribe el número.

1  ☐

2 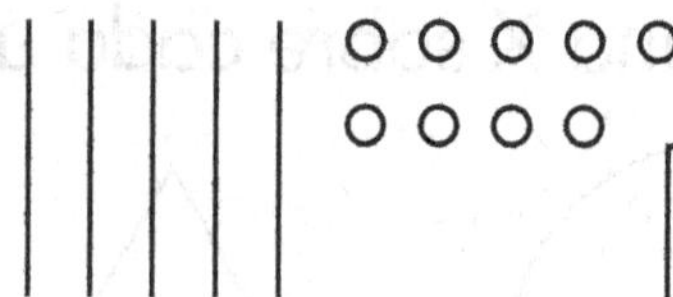 ☐

Resuelve el problema.

Muestra tu trabajo. Usa dibujos, números o palabras.

3 Hay 12 pastelitos en una caja. Algunos son de maíz y otros son de bayas. ¿Cuántos pastelitos de maíz y de bayas pueden haber?

pastelito

☐ pastelitos de maíz y ☐ pastelitos de bayas

o ☐ pastelitos de maíz y ☐ pastelitos de bayas

o ☐ pastelitos de maíz y ☐ pastelitos de bayas

4 ¿Qué figuras NO son rectángulos o cuadrados? Dibuja una X sobre cada una.

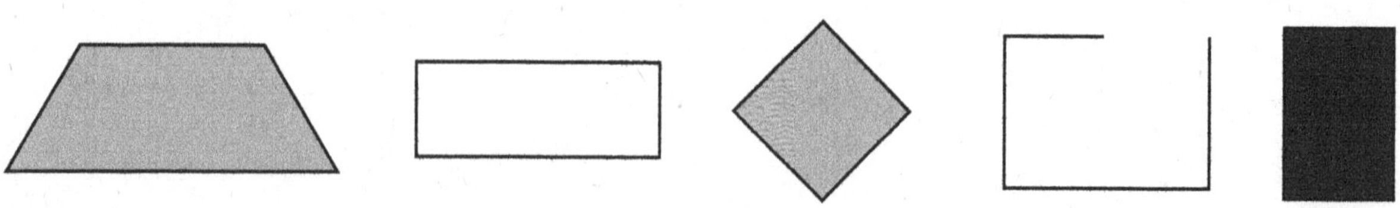

5 **Amplía tu razonamiento** Dibuja dos triángulos distintos.

7-8
Haz la tarea

Nombre ______________________________

Dibuja una línea para mostrar mitades.

1 

2 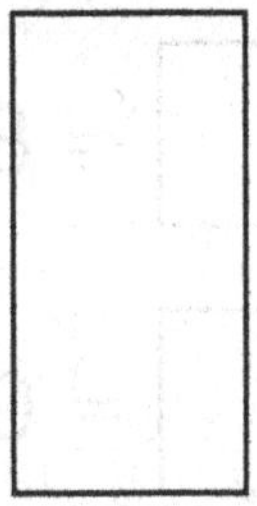

3 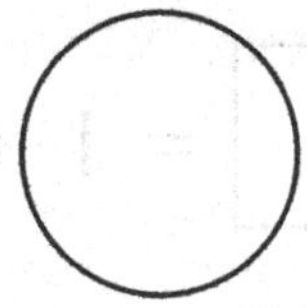

4 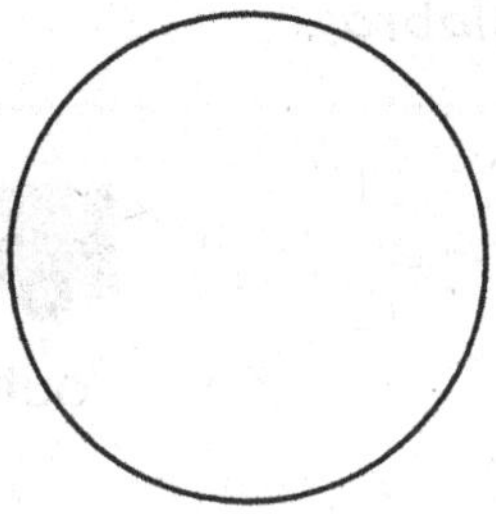

5 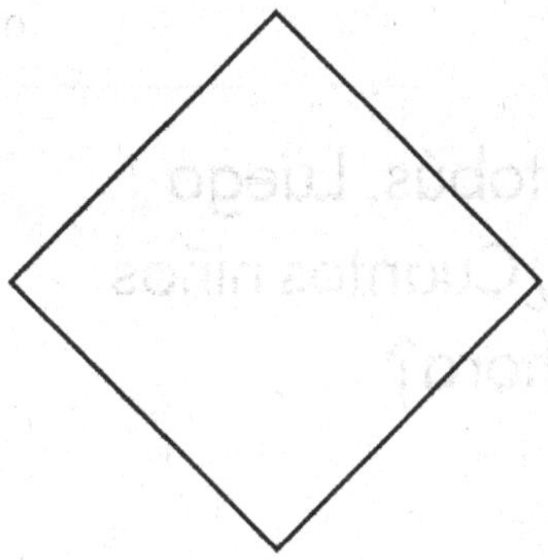

6 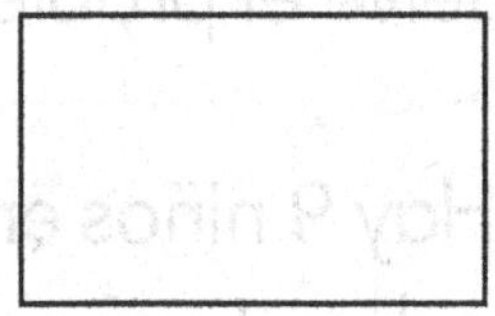

Dibuja una línea para mostrar cuartos.

7 

8 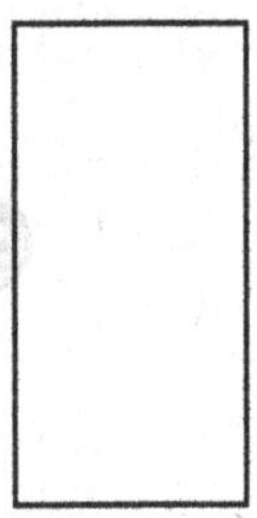

9 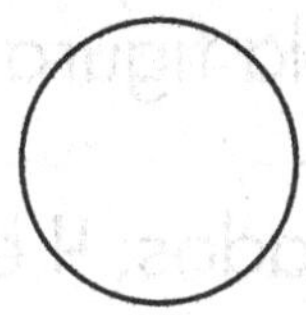

10 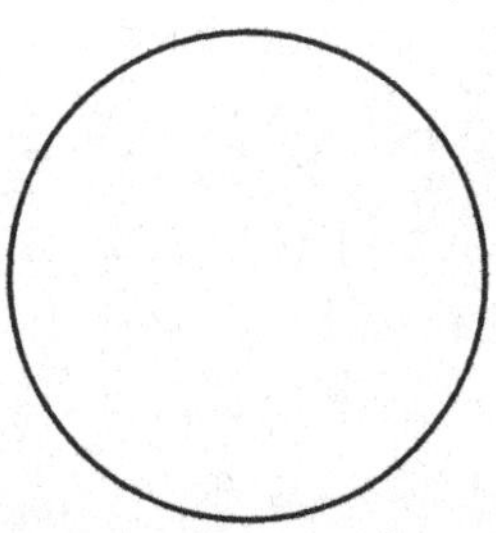

11 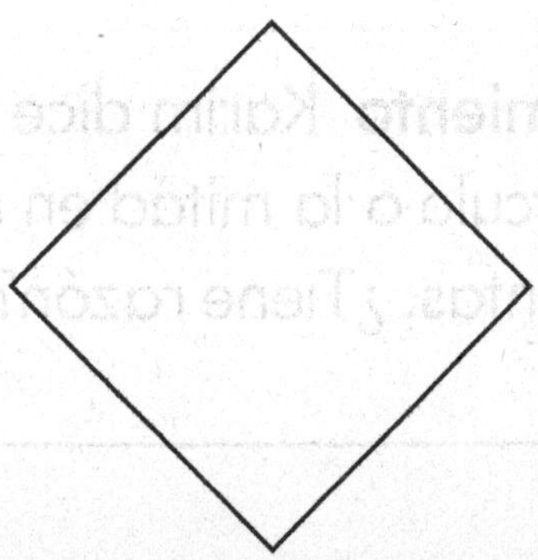

12 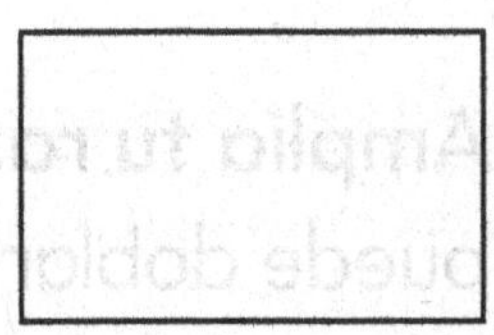

7-8
Recuerda

Nombre ____________________

Suma.

❶ ☐ = 1 + 7 ❷ ☐ = 8 + 2 ❸ ☐ = 3 + 6

❹ ☐ = 5 + 5 ❺ ☐ = 0 + 7 ❻ ☐ = 1 + 4

Resuelve el problema.

Muestra tu trabajo. Usa dibujos, números o palabras.

❼ Hay 9 niños en el autobús. Luego suben 5 niños más. ¿Cuántos niños hay en el autobús ahora?

autobus

☐ ____________
rótulo

Dibuja la figura.

❽ 4 lados, 4 esquinas cuadradas, cerrada

❾ 3 lados, 3 esquinas, cerrada

❿ **Amplía tu razonamiento** Karim dice que puede doblar un círculo a la mitad en más de 15 maneras distintas. ¿Tiene razón? Explica.

____

____

Nombre ______________________________

Dibuja un recuadro alrededor de .

1 

2 

3 

4 

5 Habla con tu ayudante de tareas sobre estas figuras.

7-9
Recuerda

Nombre ______________________

Continúa el patrón. Escribe el número que es 10 más.

1. 14, 24, 34, ___, ___, ___, ___, ___

2. | 28 | 38 | 48 | | | | | |
|---|---|---|---|---|---|---|---|

Resuelve el problema.

Muestra tu trabajo. Usa dibujos, números o palabras.

3. Hay 8 abejas en la colmena. Llegan algunas abejas más. Ahora hay 16 abejas. ¿Cuántas abejas llegan a la colmena?

abeja

☐ ______________
rótulo

Dibuja una línea para mostrar mitades.

4.

5.

6.

7.

8. **Amplía tu razonamiento** ¿Puedes formar un rectángulo con estos cuadrados? Dibuja para explicar.

7-10
Haz la tarea

Nombre ______________________________

Nombres de figuras
cono
cubo
cilindro
prisma rectangular
esfera

Dibuja una línea para emparejar las figuras que son parecidas. Escribe el nombre de la figura.

1   ______________

2 

 ______________

3  

____

4 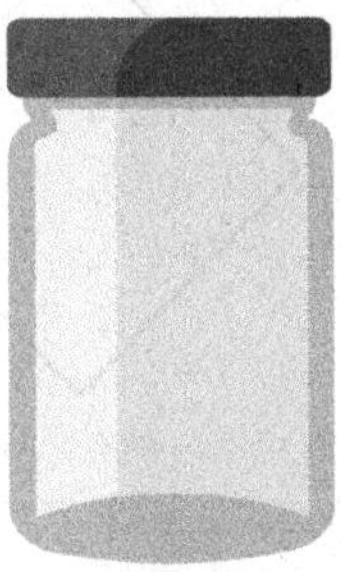  ______________

5 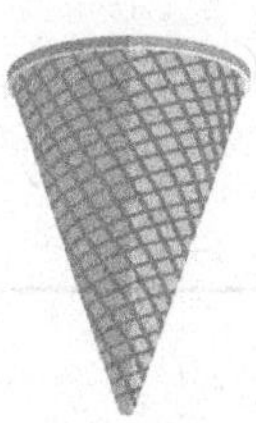 

____

Nombre ______________________

Suma.

1 8 + 2 = ☐

2 9 + 0 = ☐

3 6 + 1 = ☐

4 5 + 5 = ☐

5 2 + 4 = ☐

6 3 + 5 = ☐

Halla el total. Usa cualquier método.

7 67 + 3 = ☐

8 85 + 6 = ☐

9 50 + 8 = ☐

10 77 + 5 = ☐

Dibuja líneas para mostrar cuartos.

11 

12 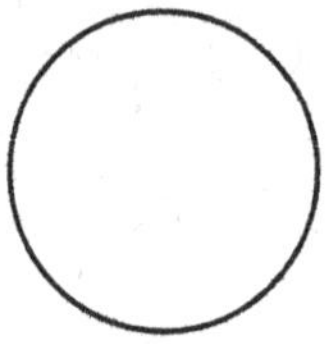

13 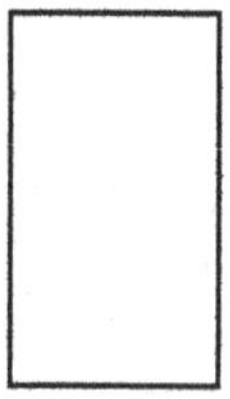

14 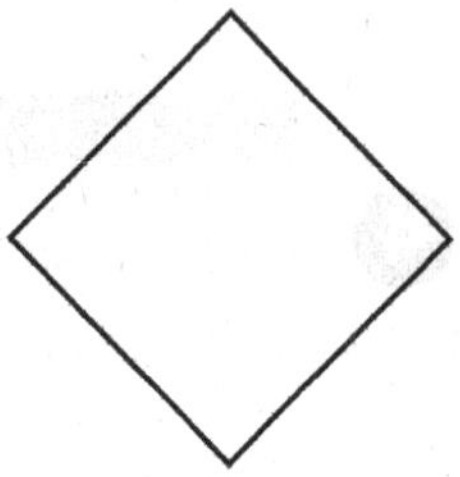

15 **Amplía tu razonamiento** Nombra dos objetos de la escuela que tengan forma de prisma rectangular.

____

____

7-11
Haz la tarea

Nombre ______________________________

Encierra en un círculo las figuras que se usaron para formar la nueva figura.

1
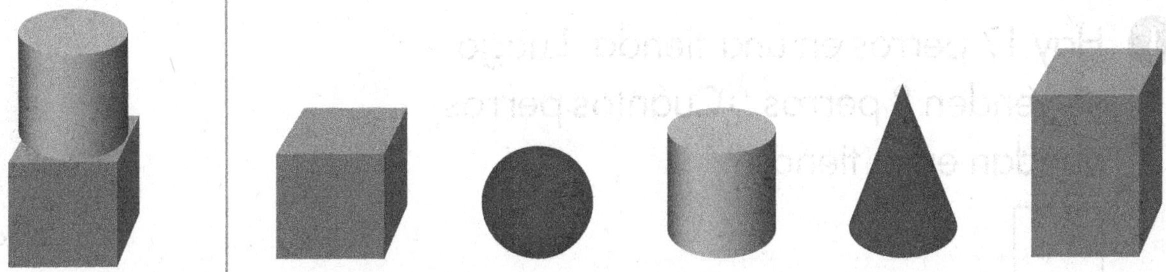

2
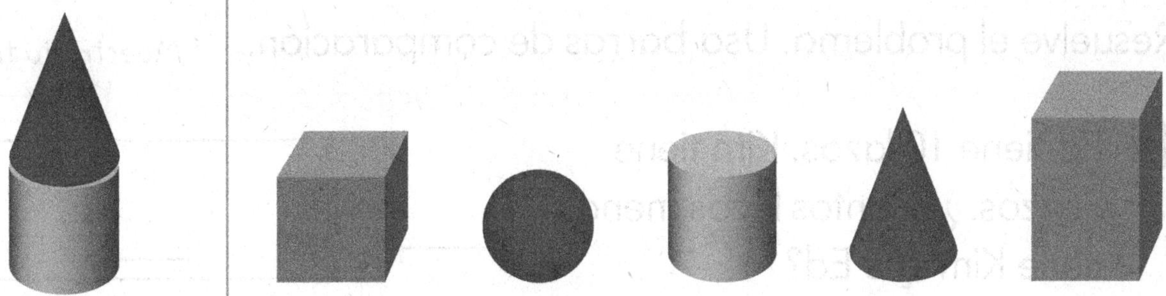

3
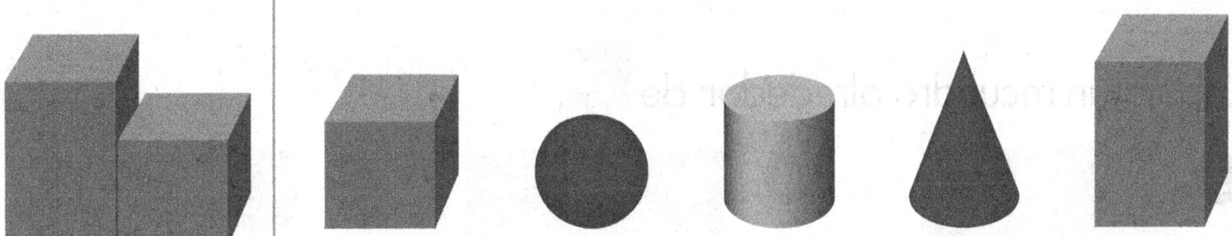

4
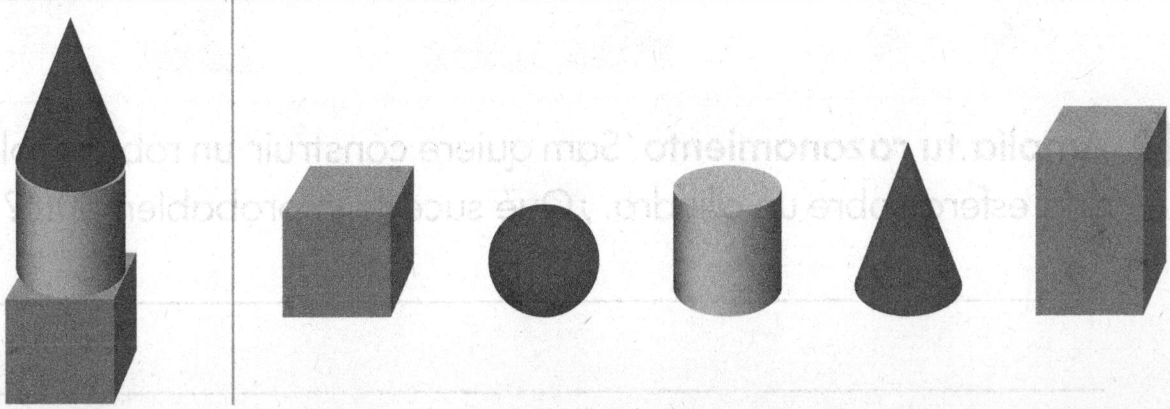

7-11
Recuerda

Nombre ____________________

Resuelve el problema.

Muestra tu trabajo. Usa dibujos, números o palabras.

1 Hay 17 perros en una tienda. Luego se venden 8 perros. ¿Cuántos perros quedan en la tienda?

perro

☐ ____________
rótulo

Resuelve el problema. Usa barras de comparación.

Muestra tu trabajo.

2 Ed tiene 10 lazos. Kim tiene 3 lazos. ¿Cuántos lazos menos tiene Kim que Ed?

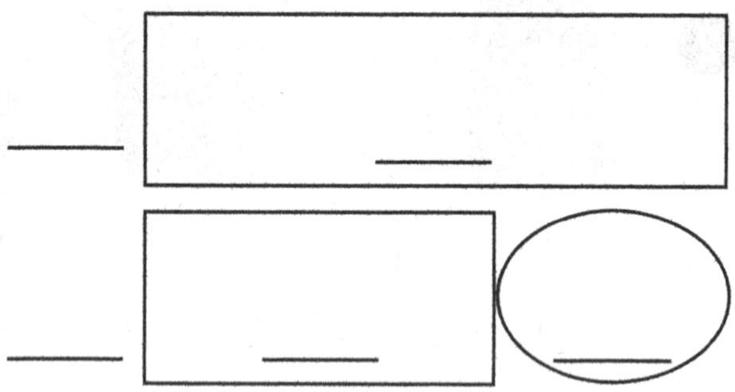

☐ ____________
rótulo

Dibuja un recuadro alrededor de .

3

4

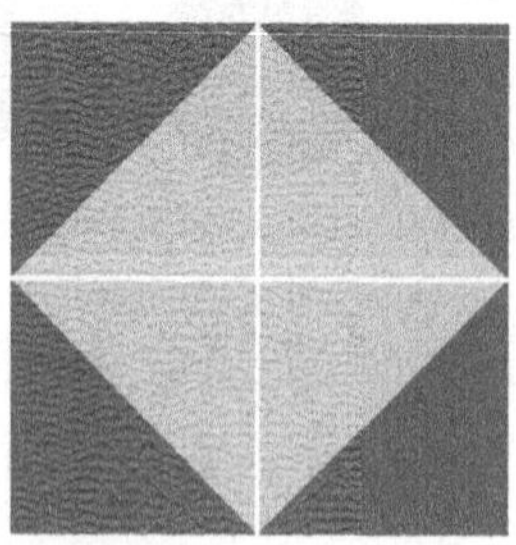

5

6 **Amplía tu razonamiento** Sam quiere construir un robot. Coloca una esfera sobre un cilindro. ¿Qué sucederá probablemente?

____

____

Nombre ____________________

1 Escribe 1, 2, 3 para ordenar del más corto al más largo.

☐ 

☐ 

☐ 

2 Escribe 1, 2, 3 para ordenar del más largo al más corto.

☐ 

☐ 

☐ 

7-12
Recuerda

Nombre ______________________________

Resuelve.

1. $30 + \square = 100$
2. $80 + \square = 100$
3. $100 = 10 + \square$
4. $100 = 40 + \square$

Resuelve. Mira los signos.

5. $0 + 9 = \square$
6. $7 + \square = 9$
7. $\square + 0 = 8$
8. $7 - 4 = \square$
9. $10 - \square = 7$
10. $\square - 2 = 8$

Dibuja una línea para emparejar las figuras que son parecidas.
Escribe el nombre de la figura.

Nombres de figuras
esfera cubo cono
cilindro prisma rectangular

11. 

____

12. 

____

13. **Amplía tu razonamiento** Krystal pone tres lápices en orden del más largo al más corto. ¿Cuál es una manera rápida de ordenar los mismos lápices del más corto al más largo?

____

____

Nombre ______________________________

Recorta las tiras de papel.
Mide el objeto en tiras de papel.

1 Lápiz ¿Cuánto mide? ☐ tiras de papel

2 Cinta ¿Cuánto mide? ☐ tiras de papel

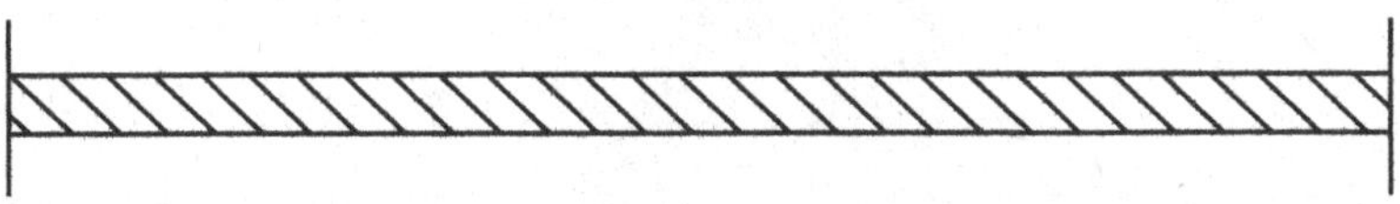

3 Crayón ¿Cuánto mide? ☐ tiras de papel

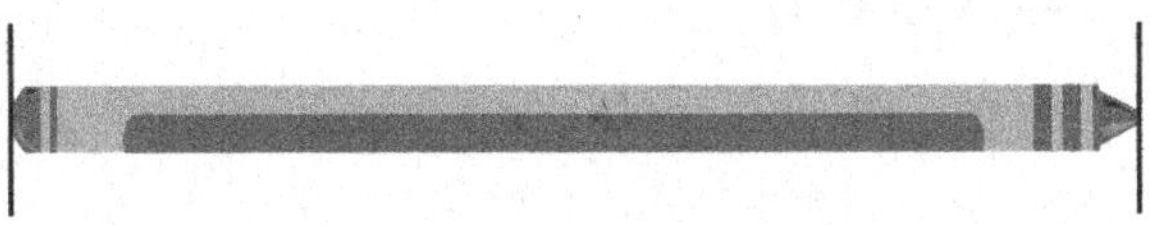

4 Goma de borrar ¿Cuánto mide? ☐ tiras de papel

7-13
Recuerda

Nombre ______________________

Resuelve el problema. Usa barras de comparación. *Muestra tu trabajo.*

1 Hay 5 peras menos en la canasta que manzanas. Hay 12 manzanas. ¿Cuántas peras hay?

☐ ______________
rótulo

2 Escribe 1, 2, 3 para ordenar del más corto al más largo.

☐
☐
☐

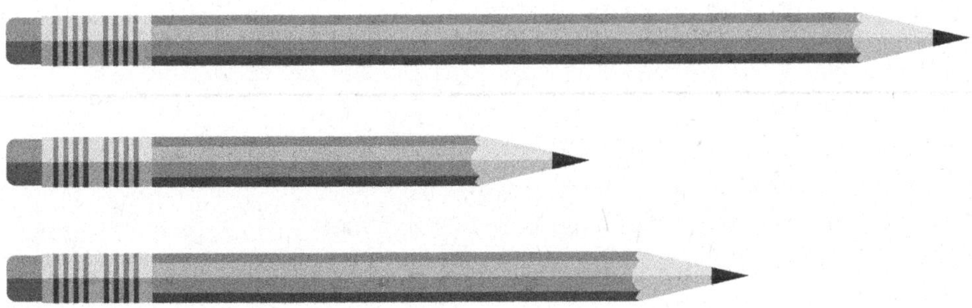

3 Escribe los números del 101 al 120.

101	102	103							
111									

4 **Amplía tu razonamiento** Aiden mide un libro con tiras de papel. Realmente mide 10 tiras de papel de largo, pero obtiene una respuesta de 8. ¿Cuál es su error?

En la siguiente página Escribe o dibuja tu respuesta en la página siguiente.

Nombre

7-14
Haz la tarea

Nombre ____________________

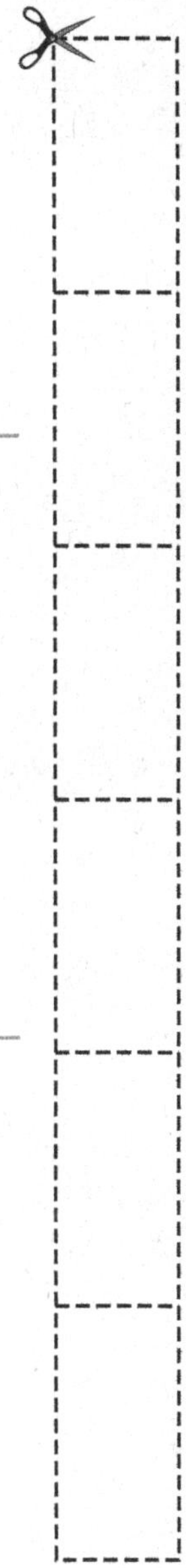

1. Dibuja un cuadrado. Luego dibuja una línea para mostrar mitades.

2. Dibuja un círculo. Luego dibuja líneas para mostrar cuartos.

Recorta las tiras de papel.
Mide la cuerda en tiras de papel.

3. 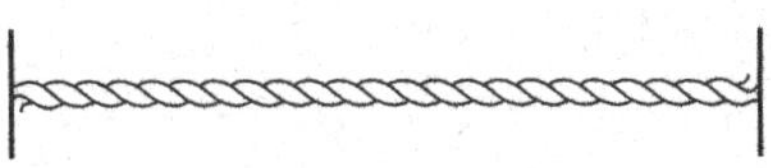

☐ tiras de papel

4. 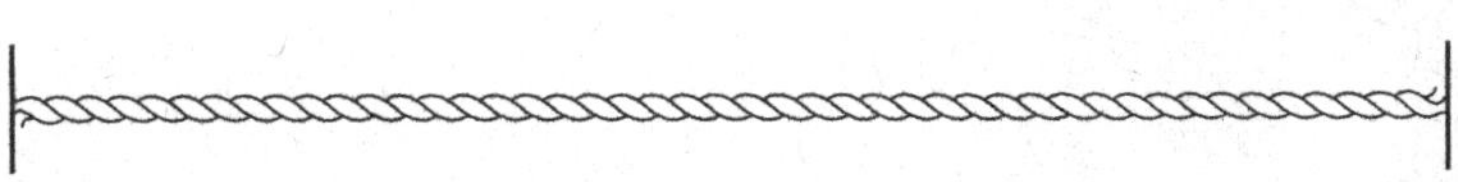

☐ tiras de papel

5. Dibuja una línea más larga que la cuerda del ejercicio 4.

7-14
Recuerda

Nombre ____________________

Resuelve el problema.

Muestra tu trabajo. Usa dibujos, números o palabras.

1 Hay 18 aves en un árbol.
Algunas se van volando.
Ahora hay 9 aves en el árbol.
¿Cuántas aves se fueron volando?

ave

☐ ____________________
rótulo

Suma.

2 ☐ = 4 + 6 **3** ☐ = 3 + 5 **4** ☐ = 0 + 9

Resta.

5 7 − 7 = ☐ **6** 8 − 7 = ☐ **7** 10 − 0 = ☐

Halla la parte desconocida.

8 ☐ + 4 = 8 **9** ☐ + 6 = 9 **10** ☐ + 9 = 10

11 **Amplía tu razonamiento** Leah y sus 3 hermanas quieren compartir un pastel. Dibuja líneas para mostrar cómo pueden cortar el pastel en cuatro porciones iguales.

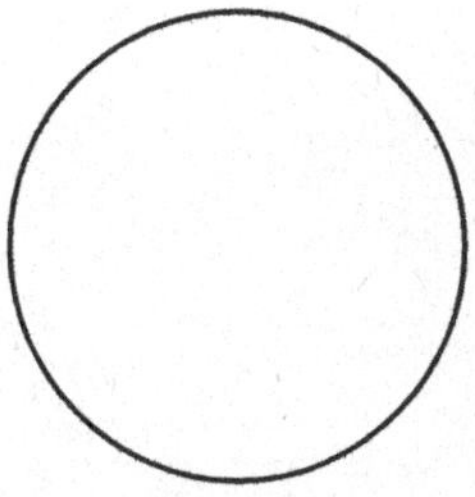

En la siguiente página Dibuja 3 lazos. Escribe 1, 2, 3 para ordenarlos por longitud del más largo al más corto.

Nombre

8-1
Haz la tarea

Nombre ______________________________

1. ¿Cuántas manzanas tiene Nick?

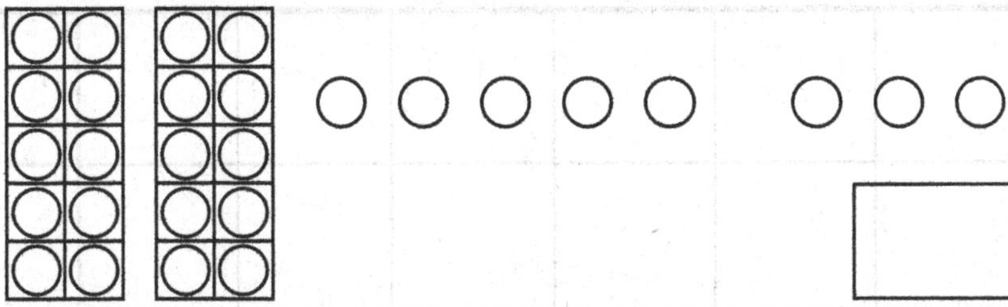

☐ ______________
rótulo

2. ¿Cuántas manzanas tiene Sarah?

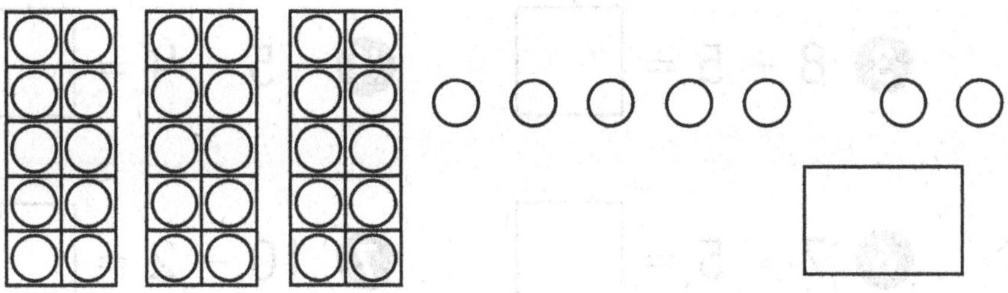

☐ ______________
rótulo

3. ¿Cuántas manzanas tienen Nick y Sarah en total?

Total ☐ ______________
rótulo

Suma los números con palitos y círculos.

4. $\begin{array}{r} 37 \\ +\ 46 \\ \hline \end{array}$

☐
Total

---

5. $\begin{array}{r} 56 \\ +\ 28 \\ \hline \end{array}$

☐
Total

---

6. $\begin{array}{r} 29 \\ +\ 63 \\ \hline \end{array}$

☐
Total

8-1 Recuerda

Nombre ______________________

❶ Escribe los números del 101 al 120.

Resta.

❷ 9 − 3 = ☐ ❸ 8 − 5 = ☐ ❹ 5 − 4 = ☐

❺ 8 − 3 = ☐ ❻ 7 − 5 = ☐ ❼ 10 − 2 = ☐

Resuelve el problema.

Muestra tu trabajo. Usa dibujos, números o palabras.

❽ Elena cosecha 6 manzanas. Ben también cosecha algunas. Juntos cosechan 10 manzanas. ¿Cuántas manzanas cosecha Ben?

manzana

☐ ______________
rótulo

❾ **Amplía tu razonamiento** Sam dibujó palitos y círculos para resolver este problema. Explica cómo sumó. Luego escribe el total.

$$\begin{array}{r} 47 \\ +\ 33 \\ \hline \end{array}$$

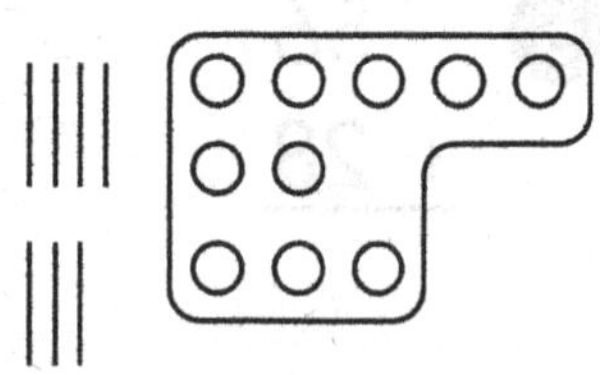

____

____

8-2
Haz la tarea

Nombre ______

Resuelve con números, con palitos y círculos.

1 $\begin{array}{r} 37 \\ +\ 45 \\ \hline \end{array}$	**2** $\begin{array}{r} 16 \\ +\ 57 \\ \hline \end{array}$
3 $\begin{array}{r} 25 \\ +\ 39 \\ \hline \end{array}$	**4** $\begin{array}{r} 81 \\ +\ 17 \\ \hline \end{array}$
5 $\begin{array}{r} 94 \\ +\ 5 \\ \hline \end{array}$	**6** $\begin{array}{r} 48 \\ +\ 28 \\ \hline \end{array}$

8-2
Recuerda

Nombre ____________________

Resta.

❶ 7 − 3 = ☐   ❷ 10 − 8 = ☐   ❸ 5 − 2 = ☐

❹ $\begin{array}{r} 9 \\ -\ 3 \\ \hline \end{array}$ ❺ $\begin{array}{r} 8 \\ -\ 5 \\ \hline \end{array}$ ❻ $\begin{array}{r} 10 \\ -\ 9 \\ \hline \end{array}$

Usa un doble para hallar el total.

❼ 7 + 8 = ☐   ❽ 5 + 6 = ☐   ❾ 9 + 8 = ☐

Resuelve el problema.

Muestra tu trabajo. Usa dibujos, números o palabras.

❿ Vemos 17 aves. Algunas son azules y otras son negras. ¿Cuántas aves azules y negras pueden haber? Muestra tres respuestas.

aves

☐ aves azules y ☐ aves negras

o ☐ aves azules y ☐ aves negras

o ☐ aves azules y ☐ aves negras

⓫ **Amplía tu razonamiento**
Escribe los números para emparejar los palitos y los círculos. Luego halla el total.

$\begin{array}{r} \square \\ +\ \square \\ \hline \end{array}$

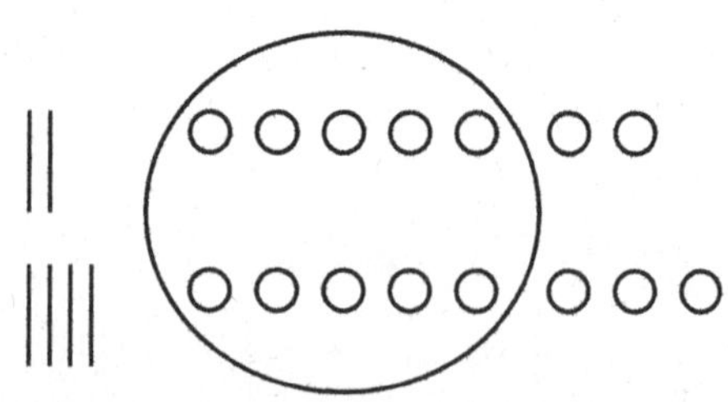

8-3
Haz la tarea

Nombre ______________________________

Suma. Haz un dibujo de comprobación con palitos y círculos.

1

$$\begin{array}{r} 67 \\ +\ 26 \\ \hline \end{array}$$

2

$$\begin{array}{r} 32 \\ +\ 37 \\ \hline \end{array}$$

3

$$\begin{array}{r} 38 \\ +\ 47 \\ \hline \end{array}$$

4

$$\begin{array}{r} 53 \\ +\ 39 \\ \hline \end{array}$$

5 ¿Cuántas frutos secos hay en total? Muestra tu trabajo.

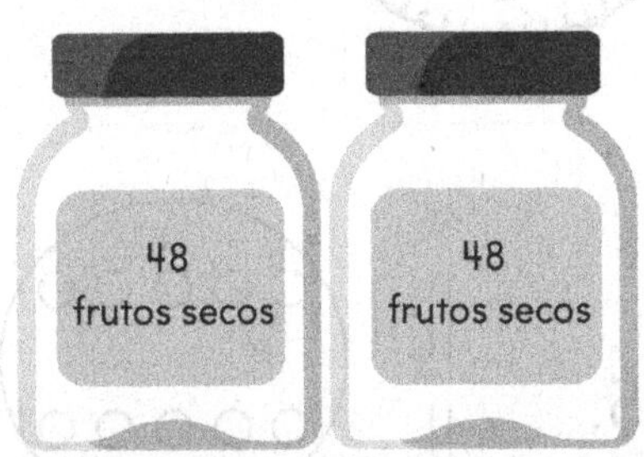

☐ ______________
rótulo

Nombre ______________________________

Suma.

❶ ☐ = 5 + 3 ❷ ☐ = 3 + 6 ❸ ☐ = 6 + 4

Resuelve.

❹ 30 − 10 = ☐

❺ 60 − 30 = ☐

❻ 10 − 10 = ☐

❼ 70 − 20 = ☐

Lee el reloj.

Escribe la hora en el reloj digital.

❽ 

☐ :

❾ 

☐ :

❿ **Amplía tu razonamiento** Don hizo este dibujo de comprobación para sumar 57 + 28. Dice que el total es 75. ¿Cuál es el error de Don?

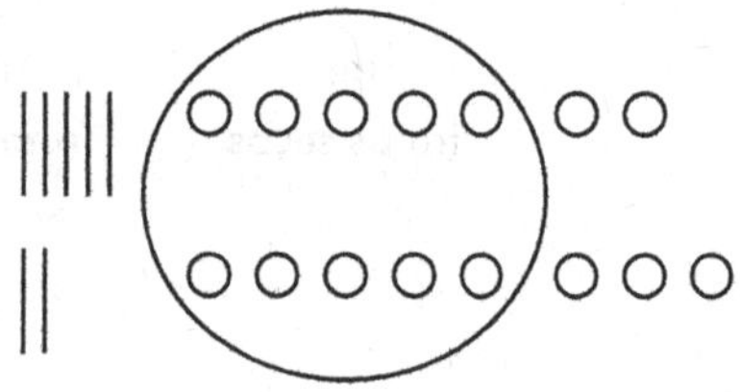

____

____

Nombre ____________________

Suma. Haz un dibujo de comprobación con palitos y círculos.

1 $\begin{array}{r} 56 \\ +\ 28 \\ \hline \end{array}$	**2** $\begin{array}{r} 77 \\ +\ 21 \\ \hline \end{array}$
3 $\begin{array}{r} 47 \\ +\ 25 \\ \hline \end{array}$	**4** $\begin{array}{r} 34 \\ +\ 49 \\ \hline \end{array}$

Escribe la forma vertical. Luego suma.

5 62 + 8	**6** 6 + 18

8-4
Recuerda

Nombre ____________________

Resta.

1 $8 - 4 = \square$ **2** $10 - 4 = \square$ **3** $9 - 4 = \square$

Resuelve el problema.

Muestra tu trabajo. Usa dibujos, números o palabras.

4 Hay 15 panecillos en una caja. Lisa toma algunos. Ahora hay 9 en la caja. ¿Cuántos panecillos tomó Lisa?

panecillo

☐ ____________
rótulo

Lee la hora.
Escribe la hora en el reloj digital.

5  [:]

6  [:]

7 **Amplía tu razonamiento** ¿Formarás una nueva decena para resolver este problema? Explica.

$$\begin{array}{r} 59 \\ +\ 17 \\ \hline \end{array}$$

____

____

Nombre ______________________

Suma. Haz un dibujo de comprobación con palitos y círculos.

1
$$\begin{array}{r} 28 \\ +\ 56 \\ \hline \end{array}$$

2
$$\begin{array}{r} 16 \\ +\ 29 \\ \hline \end{array}$$

Escribe la forma vertical. Luego suma.

3 16 + 3

4 58 + 20

¿Cuántos duraznos cosechó cada pareja?
Muestra tu trabajo

5

Carlos 16

Amy 39

6

Dora 49

Daniel 42

8-5
Recuerda

Nombre ______________________________

❶ Escribe los números del 101 al 120.

Resuelve el problema.

Muestra tu trabajo. Usa dibujos, números o palabras.

❷ Kara tiene 8 conchas de mar. Sam le da 8 más. ¿Cuántas conchas de mar tiene ahora?

conchas de mar

☐ ______________
rótulo

Dibuja una línea para mostrar mitades.

❸ ◯

❹ ▭

❺ **Amplía tu razonamiento** ¿Es correcto el total? Dibuja una X si no es correcto. Escribe el total correcto.

$$\begin{array}{r} 49 \\ +\ 33 \\ \hline 72 \end{array}$$

Nombre ______________________

Usa los dibujos para resolver.

1 ¿Cuántas manzanas hay?

☐ manzanas

2 ¿Cuántos cartones de jugo hay?

☐ cartones de jugo

3 Elige tus propios números entre 10 y 49.
¿Cuántos frascos de pepinillos en vinagre hay?

☐ frascos de pepinillos en vinagre

8-6
Recuerda

Nombre ______________________________

Resuelve.

1. 30 − 10 = ☐

2. 90 − 40 = ☐

Resuelve el problema.

Muestra tu trabajo. Usa dibujos, números o palabras.

3. Una tienda tiene 15 lámparas. Se venden 6 lámparas. ¿Cuántas lámparas hay en la tienda ahora?

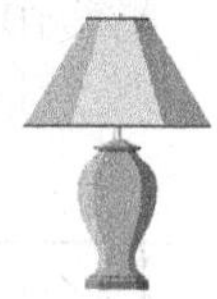

☐ ______________
rótulo

Escribe la forma vertical. Luego suma.

4. 42 + 9

5. 53 + 7

6. **Amplía tu razonamiento** Usa el dibujo para escribir un problema matemático. Luego resuelve.

____
____
____